Licht aus!

32 Ideen, um Energie zu Sparen

Karine Balzeau
Illustrationen: Laurent Audouin

Licht aus!

32 Ideen, um Energie zu sparen

arsEdition

Inhalt

Für Catherine und Joël, meine Eltern, die mir eingeschärft haben, immer schön alle Lichter auszuschalten, als ich ein kleines Mädchen war ...

Vorwort

Seit den 1980er-Jahren ist der Stromverbrauch in unseren Haushalten enorm angestiegen. Schuld daran sind die Veränderungen unserer Lebensweise, vor allem die vielen Reisen und die Zunahme von elektrischen und elektronischen Geräten, die viel Energie verbrauchen.

Mehr als ein Viertel des gesamten Energieverbrauchs entfällt auf die privaten Haushalte. Und ein großer Teil davon kommt zwar schon von erneuerbaren Energien, aber noch längst nicht genug. Immer noch verschmutzen Kohlekraftwerke die Umwelt, immer noch laufen Atomkraftwerke und produzieren gefährlichen radioaktiven Abfall, für den es immer noch kein sicheres Endlager gibt.

Deswegen gibt es nur eins: Wir müssen alles tun, um Energie zu sparen, und am besten fangen wir sofort damit an! Aber wie? Hier sind 32 Ideen, wie wir alle es besser machen können. Viel Spaß dabei!

Marie, das Marienkäfer-Mädchen

Einleitung

Sag mal, Marie, was ist eigentlich Energie?

Energie ist das, was Maschinen, Autos, Heizungen, Computer und andere Geräte brauchen, damit sie funktionieren.

Ah, also etwas sehr Nützliches! Aber was ist dann das Problem mit der Energie?

Wir verbrauchen einfach zu viel davon und wir sind noch längst nicht weit genug mit der Energiewende.

Woran liegt das denn?

Wir verbrennen immer noch Heizöl, Gas und Kohle, also die sogenannten fossilen Energieträger. Die verschmutzen die Umwelt und sind außerdem irgendwann erschöpft.

Ja, davon hab ich schon im Fernsehen gehört.

Auch Atomenergie ist sehr problematisch, denn es kann zu schlimmen Unfällen kommen, und die Entsorgung des radioaktiven Abfalls ist ein Riesenproblem.

Und die grünen oder alternativen Energien?

Die werden weiter ausgebaut, aber da gibt es noch viel zu tun.

Wenn ich das richtig verstehe, gibt es also nicht die eine perfekte Lösung, oder?

Das stimmt – die beste Lösung ist, weniger Energie zu verbrauchen und zu sparen, wo es nur geht.

Legen wir los, Marie?

Na klar! Auf geht's zu den Aktionen!

Die Ideen

LOS GEHT'S!

IDEE NR. 1

Herausfinden, was alles Strom verbraucht

Viele Geräte im Haushalt – um nicht zu sagen: alle – verbrauchen Energie. Um das zu überprüfen, musst du nur den Stromzähler in eurem Haus beobachten. Du wirst sehen, dass er so gut wie nie stillsteht!

LOS GEHT'S!

In jedem Haus gibt es zahlreiche Stromverbraucher. Um dir das bewusst zu machen, nimm dir einen Block und einen Stift und mach eine Liste von allen Geräten in eurem Haus, die am Stromnetz hängen. Diese Dinge, die es zum Teil vor einigen Jahren noch gar nicht gab, sind mit schuld daran, dass der Stromverbrauch so hoch ist!
Hier eine Übersicht:

- Lampen, Wasserkocher, Heizung (wenn elektrisch) …

- Elektrische Haushaltsgeräte: Herd, Mikrowelle, Kochplatten, Geschirrspüler, Waschmaschine, Trockner …

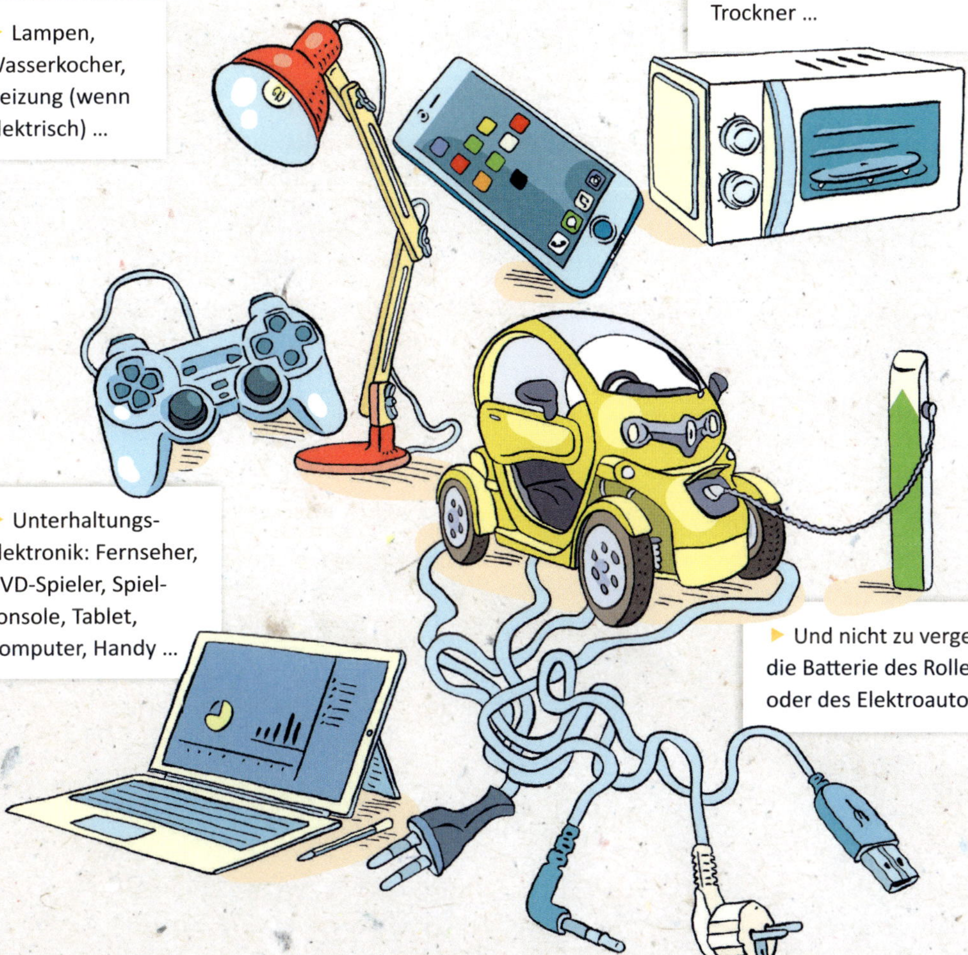

- Unterhaltungselektronik: Fernseher, DVD-Spieler, Spielkonsole, Tablet, Computer, Handy …

- Und nicht zu vergessen: die Batterie des Rollers oder des Elektroautos!

IDEE NR. 2

Schluss mit Stand-by!

Ob du's glaubst oder nicht – ein Gerät, das an der Steckdose hängt und auf Stand-by geschaltet ist, verbraucht immer noch Strom! Das kleine rote Lämpchen verrät es.

Hallo Enzo, kommst du mit mir raus zum Spielen?

Ja, Marie, gerne! Komm rein, ich schalte nur noch schnell den Fernseher aus!

Du hast den Fernseher ausgeschaltet? Wirklich?

Ja klar. Da leuchtet nur noch unten so ein rotes Lämpchen und mit der Fernbedienung kann man dann wieder einschalten.

Das ist genau das Problem! Ein Gerät auf Stand-by verbraucht Energie, auch wenn wir es gerade gar nicht benutzen!

Aber was soll ich machen? Ich weiß nicht, wie ich den Fernseher sonst ausschalten soll!

LOS GEHT'S!

Manche Geräte, z. B. Fernseher, haben gar keinen richtigen Aus-Knopf mehr und lassen sich nur auf Stand-by schalten. Aber man muss sich nur zu helfen wissen ...

▶ Du kannst eine Steckdose mit Schalter benutzen. Stell ihn auf »Aus«, nachdem du das Gerät auf Stand-by geschaltet hast, dann fließt kein Strom mehr.

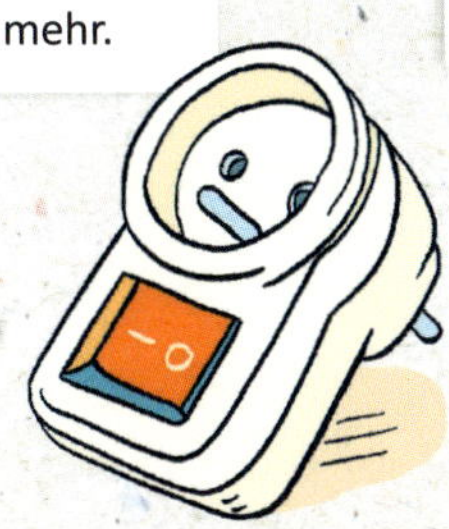

▶ Du kannst auch eine Mehrfachsteckdose mit Schalter benutzen und diesen immer ausschalten, wenn das Gerät nicht benutzt wird.

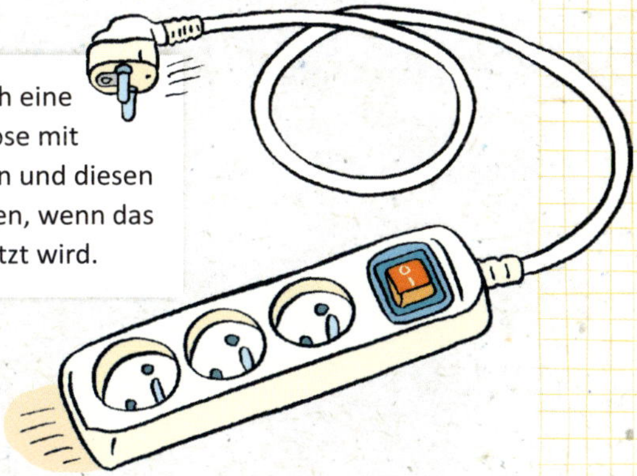

▶ Oder du ziehst einfach jedes Mal den Stecker, wenn du das Gerät nicht mehr brauchst. Das ist vielleicht ein bisschen umständlich, aber so wird garantiert kein Strom mehr verbraucht.

▶ Und beim Einkaufen im Elektrogeschäft mit deinen Eltern entscheidet euch wenn möglich für Geräte, die sich ganz ausschalten lassen. Einfach den Verkäufer fragen – das kostet nichts!

IDEE NR. 3

Mehrmals täglich bei zugedrehtem Heizkörper lüften

Es klingt fast unglaublich, aber die Luft in Häusern kann oft stärker mit Schadstoffen belastet sein als die Außenluft! Schuld daran sind bestimmte Stoffe in Möbeln, Bodenbelägen, Wandfarben und Haushaltswaren.

LOS GEHT'S!

Jeden Tag gründlich lüften ist wichtig für die Gesundheit! So verhinderst du, dass sich Schimmel bildet. Und wenn nicht genug gelüftet wird, können sich auch schädliche Stoffe in der Luft anreichern, die von verschiedenen Materialien ausgegast werden: die sogenannten Flüchtigen Organischen Verbindungen (VOC).

Es ist nicht nötig, die Fenster stundenlang geöffnet zu lassen: 5 bis 10 Minuten lang richtig durchlüften – also alle Fenster weit aufmachen, sodass ein Durchzug entsteht, das reicht, um die Luft auszutauschen. So wird die Konzentration von VOC gesenkt, ohne dass gleich das ganze Haus auskühlt.

Denk dran, vor dem Lüften die Heizkörper zuzudrehen, um keine Energie zu verschwenden. Denn wenn die kalte Luft von draußen reinkommt, muss die Heizung natürlich auf Hochtouren arbeiten. Ganz schlecht ist es, bei laufender Heizung die Fenster stundenlang gekippt zu lassen.

IDEE NR. 4

Nichts auf die Heizkörper legen

Im Winter verbreiten Heizkörper wohlige Wärme in unseren Häusern und Wohnungen. Damit sie das tun können, muss die warme Luft aber ungehindert aufsteigen können.

LOS GEHT'S!

Wenn du Sachen auf den Heizkörper legst, z. B. Kleidungsstücke zum Trocknen, kann er nicht mehr richtig funktionieren.

Um richtig zu heizen, muss ein Heizköper die Wärme ungehindert an die Luft abgeben können. Wenn du etwas drauflegst, staut sich die Wärme im Heizkörper. Dann wird mehr Energie (Heizöl, Gas oder Strom) verbraucht, um die gewünschte Zimmertemperatur zu erreichen.

Lukas' Socken werden zwar trocken, wenn er sie auf den Heizkörper legt, aber dann wird das Zimmer, in dem der Heizkörper steht, nicht mehr richtig warm! Merk dir also: Nichts auf die Heizkörper legen – und draufsetzen sollst du dich natürlich auch nicht!

IDEE NR. 5

Nachts und bei Hitze die Fensterläden geschlossen halten

Wenn es draußen sehr kalt oder sehr warm ist, sind Fensterläden, Rollläden und Vorhänge einfache Mittel, um sich zu schützen und für angenehme Temperaturen im Haus zu sorgen, ohne dass zusätzliche Energie verbraucht wird.

Bei dir ist es ja stockfinster, Marie! Und das am frühen Nachmittag!

Na ja, ein bisschen schattig vielleicht, aber fällt dir vielleicht sonst noch was auf?

Also, es ist angenehm kühl hier, nach der Bullenhitze draußen!

Das ist der Kühlschrankeffekt! Du musst nur dafür sorgen, dass die Wärme draußen bleibt.

Und wie mach ich das?

Komm, ich zeig's dir!

LOS GEHT'S!

Wenn du für angenehme Temperaturen im Haus sorgen willst, ohne mit der Heizung oder der Klimaanlage zusätzliche Energie zu verbrauchen, dann halte dich an die folgenden Tipps.

Im Winter, wenn es kalt ist

Schließe alle Vorhänge und Läden bei Einbruch der Dunkelheit. So bleibt die Wärme im Haus erhalten, ohne dass mehr Energie verbraucht wird. Vergiss nicht, sie am Morgen wieder zu öffnen, damit die Sonnenstrahlen das Haus wärmen können.

Bei einer Hitzewelle

Schließe alle Türen, Fenster und Läden so früh wie möglich am Morgen. So bleibt die Sonnenwärme draußen und das Haus heizt sich nicht so stark auf. Warte, bis es dunkel ist und draußen kühler als drinnen, bevor du alles wieder aufmachst. Das ist auch die beste Gelegenheit, um alles richtig durchzulüften!

IDEE NR. 6

Einen Pulli anziehen

Schon vor langer Zeit haben die Menschen die Kleidung erfunden, um sich vor Kälte zu schützen. Unsere Vorfahren in der Steinzeit haben sich in Tierfelle gehüllt und so den Unbilden des Wetters getrotzt.

Es ist ganz schön kalt bei dir, Marie. Hast du die Heizung noch nicht eingeschaltet?

Nein, aber so kalt ist es doch gar nicht! Wir haben ja noch nicht mal Oktober!

Durch den Klimawandel gibt es keine richtigen Jahreszeiten mehr. Ich bin noch gar nicht richtig aufgewärmt.

Wenn wir schon im September die Heizung aufdrehen, verbrauchen wir noch mehr Energie! Und dann wird das mit der Erderwärmung noch schlimmer!

Aber was soll ich denn machen? Ich werde mir noch eine Erkältung holen!

Weißt du was? Jetzt holst du dir erst mal einen Pulli und dann sehen wir weiter!

LOS GEHT'S!

▶ Um in der Übergangszeit einige Tage lang an der Heizung zu sparen, zieh dich einfach wärmer an. Man muss ja nicht das ganze Jahr in den gleichen Klamotten rumlaufen … Wenn es ein bisschen kühler wird, ist es doch schön, wieder zu entdecken, wie kuschelig warm so ein Wollpulli oder eine Fleecejacke sein kann!

▶ Wenn dir abends kalt ist, liegt es vielleicht auch daran, dass du müde bist! Bestimmt ist es schon Zeit, sich schlafen zu legen.

▶ Mit kalten Füßen holst du dir schneller eine Erkältung, also denk dran, warme Socken anzuziehen. Kurze Söckchen und Barfußlaufen sind nur was für den Sommer. Den Rest des Jahres freuen sich deine Füße über dicke Socken und warme Hausschuhe!

▶ Und wenn du im tiefsten Winter immer noch im T-Shirt rumläufst, dann ist das nicht mehr normal – dann ist deine Heizung falsch eingestellt!

IDEE NR. 7

Die Heizung im Schlafzimmer runterdrehen und unter die Decke schlüpfen

Die verschiedenen Zimmer in eurem Haus müssen nicht alle gleich warm sein. Je nachdem, was man macht und wie lange man sich dort aufhält, kann es mal ein bisschen wärmer und mal ein bisschen kälter sein.

LOS GEHT'S!

Um Energie zu sparen, sollte in jedem Zimmer genau die richtige Temperatur herrschen. Das lässt sich mit den Thermostaten an den Heizkörpern regeln.

▸ In deinem Zimmer darf es tagsüber zum Spielen 19 °C warm sein, aber zum Schlafen und Träumen reichen 17–18 °C völlig aus.

▸ Im Wohnzimmer sind 19 °C die ideale Temperatur.

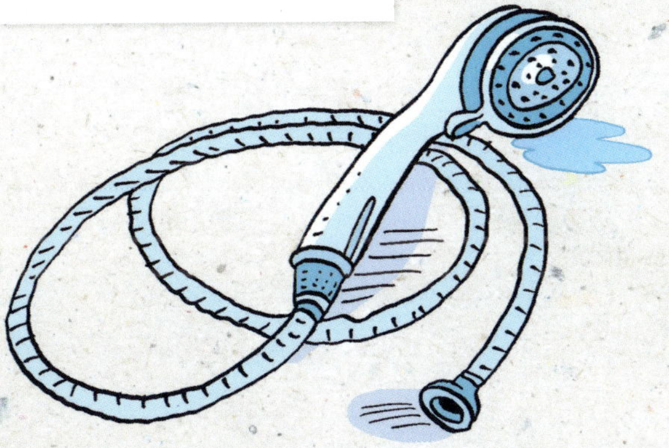

▸ Wenn ihr einen programmierbaren Thermostat habt, könnt ihr ihn so einstellen, dass die Heizung nachts und an Tagen, an denen niemand zu Hause ist, ein wenig heruntergeregelt wird.

▸ Im Bad darf es 20 °C warm sein, wenn du es gerade benutzt, sonst etwas weniger.

IDEE NR. 8

Wäsche auf die Leine, nicht in den Trockner

Im Gegensatz zu Strom kostet die Energie, die uns Wind und Sonnenwärme liefern, keinen Cent. Es ist also eine gute Idee, sie zu nutzen, wann immer es geht.

Romana, hilfst du mir, die Wäsche aufzuhängen?

Siehst du nicht, dass ich gerade lese? Tu sie doch einfach in den Trockner!

Nein, doch nicht bei dem schönen Wetter!

Aber das dauert so lange, bis die ganze Wäsche aufgehängt ist!

Mag sein, aber zu zweit geht es schneller und wir sparen auch Energie. Und erinnere dich dran, wie gut die Wäsche hinterher duftet!

Okay, du hast recht. Es ist besser, wir hängen sie zusammen auf!

LOS GEHT'S!

Schon mit ganz einfachen Aktionen lässt sich viel Energie sparen – zum Beispiel, indem man die Wäsche zum Trocknen draußen aufhängt (oder in einem gut gelüfteten Zimmer, wenn das Wetter nicht so toll ist). Der Trockner verbraucht zwei- bis dreimal so viel Strom wie die Waschmaschine – das gibt doch zu denken ...

Bitte deine Geschwister, dir beim Wäscheaufhängen zu helfen. Zu mehreren geht es schneller und macht auch mehr Spaß!

Häng die Wäsche so auf, dass man sie hinterher nicht bügeln muss! Also gründlich ausschütteln und aufpassen, dass es keine Falten gibt. Die trockene Wäsche ordentlich zusammenfalten und in den Schrank legen – und schon seid ihr die Heldinnen und Helden des aufgeräumten Zimmers!

IDEE NR. 9

Den Router ausschalten, wenn er nicht gebraucht wird

Viele elektrische und elektronische Geräte verbrauchen Strom, auch wenn sie nicht in Betrieb sind. Das ist Energieverschwendung – die sich aber ganz einfach verhindern lässt.

LOS GEHT'S!

Um mit deinem Router Strom zu sparen, musst du ihn nur jeden Abend ausstecken, wenn du denkst, dass du nicht mehr ins Internet gehst (oder nicht mehr fernsiehst, falls der Fernseher übers Internet läuft). Spätestens, wenn die Eltern schlafen gehen, darf Ruhe im Karton (Router) sein!

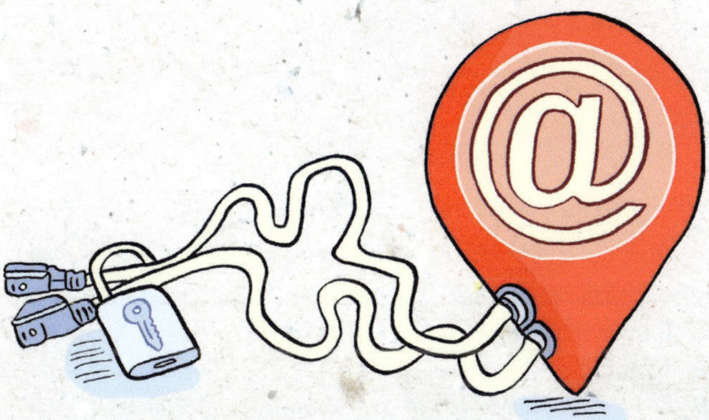

Manche Router lassen sich auch so programmieren, dass das WLAN zu einer bestimmten Uhrzeit ausgeschaltet wird. So können deine Eltern sicherstellen, dass du nachts nicht heimlich surfst!

Du kannst den Router auch an eine Zeitschaltuhr anschließen, sodass er sich zur gewünschten Uhrzeit ausschaltet und später wieder einschaltet. Dann geht das Energiesparen wie von selbst und du muss nicht mehr jedes Mal dran denken!

IDEE NR. 10

Das Handy-Ladegerät nicht in der Steckdose lassen

Ladegeräte verbrauchen Strom, sobald sie in einer Steckdose stecken, auch wenn kein Gerät dranhängt.

LOS GEHT'S!

Die Umwelt schützen und Energie einsparen ist manchmal vielleicht ein bisschen mühsam. Aber wenn 83 Millionen Menschen in Deutschland auf diese kleinen Dinge achten, dann ist die Einsparung schon ganz enorm – und erst recht, wenn Milliarden Menschen auf der ganzen Welt mitmachen!

Mach doch einfach ein Spiel draus: Wer als Erste oder Erster in der Familie sein Ladegerät in der Steckdose vergisst, muss die Spülmaschine ausräumen!

Sich die Zeit nehmen, um das Ladegerät des Handys aus der Steckdose zu ziehen, ist eine der kleinen Aktionen, die nach gar nichts aussehen, aber dennoch sehr wichtig sind. Es kostet nicht viel Mühe, und wenn du dich erst mal daran gewöhnt hast, machst du es ganz automatisch.

IDEE NR. 11

Alte Glühbirnen durch LED ersetzen

Schon seit einiger Zeit werden die alten Glühbirnen mit Glühfäden mehr und mehr durch neue, sparsamere Lampen ersetzt.

Sag mal, Marie, bei dir sieht man ja gar nichts! Es ist stockfinster!

Stimmt – ich habe nämlich alle Glühbirnen aus den Lampen rausgenommen.

Komische Idee – warum hast du das gemacht?

Weil ich sie durch LED-Lampen ersetzen werde.

LED? Was ist das denn?

Ha-ha ... na komm, ich erklär's dir.

LOS GEHT'S!

Seit 2012 dürfen in der EU herkömmliche Glühbirnen und energiefressende Halogenlampen nicht mehr verkauft werden. Dafür gibt es jetzt andere Arten von Lampen. Achtung: Alle diese Lampen müssen zum Recyceln auf den Wertstoffhof gebracht werden!

Energiesparlampen

verbrauchen wenig Strom, wie der Name schon sagt. Sie brauchen eine Weile, bis sie richtig hell werden, aber das größere Problem ist, dass sie giftiges Quecksilber enthalten. Sie erzeugen auch ein elektromagnetisches Feld, darum solltest du sie nicht in Lampen verwenden, die sich nahe an deinem Kopf befinden.

Halogenlampen

werden sofort hell und erzeugen ein angenehmes Licht, verbrauchen aber wesentlich mehr Strom als Energiesparlampen.

LED-Lampen

sind zwar (noch) etwas teurer, aber sie halten länger und verbrauchen auch weniger Strom als andere Lampen. Allerdings ist ihr Licht schlecht für die Augen, man sollte also nicht direkt hineinschauen.

IDEE NR. 12

Alle überflüssigen Lichter ausschalten

Auch wenn LED-Lampen weniger Energie verbrauchen als klassische Glühbirnen, Halogenlampen oder Energiesparlampen: Weniger ist nicht dasselbe wie null!

LOS GEHT'S!

Ob zu Hause oder anderswo – bei Freunden, in der Schule, auf der Restauranttoilette: Achte immer darauf, ob irgendwo unnötig Licht brennt, und mach's aus!

Und was ist unnötig? Unnötig ist es zum Beispiel, in einem Zimmer Licht einzuschalten, obwohl genug Tageslicht durch die Fenster hereinkommt, oder es brennen zu lassen, wenn niemand im Zimmer ist.

Und damit auch alle anderen lernen, immer das Licht auszuschalten, wo es nicht gebraucht wird, versuch's mal mit einer kleinen Drohung: Wer vergisst, den kleinen Schalter zu betätigen, wird auf dem Klo eingesperrt – bei ausgeschaltetem Licht!

IDEE NR. 13

Das Tageslicht ausnutzen

Das billigste Licht ist immer noch das natürliche Tageslicht. Aber wie bei so vielem, was nichts kostet, wissen wir es oft nicht so richtig zu schätzen und zu nutzen.

Du hast deinen Schreibtisch umgestellt?

Ja, Marie, ich verändere gerne mal etwa

Recht hast du – Veränderungen bringen einen voran!

Außerdem habe ich festgestellt, dass ich da, wo er gestanden hat, nicht so gut sehe.

Ja, so kannst du das Licht vom Fenster viel besser ausnutzen!

Genau – ich nutze das Tageslicht aus und ich habe nicht mehr so oft Kopfschmerzen.

LOS GEHT'S!

Um das Tageslicht optimal auszunutzen, mach gleich am Morgen die Fensterläden beziehungsweise Rollos auf! Das kannst du auch gleich mit der ersten Lüftung verbinden.

Die Möbel in deinem Zimmer sollten so angeordnet sein, dass das Tageslicht so gut wie möglich ausgenutzt wird. Beim Lesen oder Arbeiten – ob auf Papier oder am Bildschirm – sollte das Licht idealerweise von der Seite kommen. Wenn du das Fenster im Rücken hast, beschattest du deinen Arbeitsplatz mit deinem Körper; wenn das Licht von vorne kommt, blendet es dich. Für Rechtshänder ist es beim Schreiben auf Papier günstiger, wenn das Licht von links kommt – für Linkshänder natürlich umgekehrt!

IDEE NR. 14

Mit deinen Eltern über Fassadendämmung sprechen

Eine Möglichkeit, Heizkosten zu sparen, ist die Wärmedämmung. Dafür gibt es auch Hilfen vom Staat.

LOS GEHT'S!

Wenn die Heizkostenrechnung deiner Eltern zu hoch ist und wenn es bei euch im Winter sehr kalt und im Sommer sehr warm ist, dann ist euer Haus oder eure Wohnung sicher schlecht gedämmt. Aber das lässt sich ändern!

▶ **Platten aus dämmendem Material** können an den Außen- oder Innenwänden eines Gebäudes angebracht werden. Der Vorteil der Außendämmung ist, dass in den Innenräumen kein Platz verloren geht. Die Innendämmung ist dagegen oft effektiver – aber dafür ist die Gefahr von Schimmelbildung höher. Deswegen muss dann noch gründlicher gelüftet werden!

▶ Auch durch das Einsetzen neuer Fenster mit **Doppel- oder Dreifachverglasung** kann man verhindern, dass Wärme verloren geht. Nicht vergessen: Auch das Dach muss gedämmt werden!

▶ **Finanzielle Hilfen** und Zuschüsse gibt es vom Staat für die Wärmedämmung von Gebäuden. Auch die Kosten für einen Energieberater bekommt man größtenteils erstattet. Sprich darüber mit deinen Eltern!

IDEE NR. 15

Smart Home – aber mit Verstand!

Schon heute wird versucht, in sogenannten »Smart Homes« (»schlaue Häuser«) mithilfe von Automatisierung und Vernetzung von Geräten (»Domotik«) Energie zu sparen.

LOS GEHT'S!

In einem Smart Home können alle Elektrogeräte automatisch gesteuert und geregelt werden. So soll Energie gespart werden.

▶ Die **Rollläden** werden entsprechend dem Sonnenstand geöffnet oder geschlossen.

▶ Die **Heizung** wird so reguliert, dass zu jeder Tageszeit die optimale Temperatur herrscht.

▶ Der **Herd** schaltet sich so ein, dass das Essen genau zur rechten Zeit fertig ist.

▶ Der **Router** wird zu den voreingestellten Zeiten ein- und ausgeschaltet.

Mit diesen und anderen Ideen kann vielleicht tatsächlich Zeit und Energie gespart werden. Aber es gibt auch Nachteile: Jedes Netzwerk kann gehackt werden – und wer sein Haus komplett vernetzt, läuft auch Gefahr, dass seine Daten missbraucht werden!

IDEE NR. 16

Kein Wasser verschwenden

Das Wasser, das bei dir aus dem Hahn kommt, muss vorher aufbereitet werden, damit es trinkbar ist. Auch das kostet Energie.

Cathy, dreh doch das Wasser ab, ich hab das Gefühl, ich muss Pipi machen!

Was redest du denn da, Marie – wenn du Pipi machen musst, dann mach's doch!

Nein, das war nur so dahergeredet … Aber wieso lässt du denn das Wasser laufen?

Ich warte darauf, dass es warm wird!

Aber zum Zähneputzen brauchst du doch gar kein warmes Wasser!

Ah ja, stimmt …
Und eigentlich muss ich mir auch gar nicht die Zähne putzen!

LOS GEHT'S!

Wenn du immer den Hahn zudrehst und nicht unnötig Wasser laufen lässt, wird weniger Energie gebraucht, um das Grundwasser zu Trinkwasser aufzubereiten.

Wassersparen ist ganz einfach! Überlege immer, bevor du den Hahn aufdrehst, ob es wirklich nötig ist. Zum Zähneputzen fülle einfach ein Glas mit Wasser. Zum Blumengießen im Garten kann man Regenwasser benutzen, das deine Eltern in einer Regentonne auffangen. Die Zimmerpflanzen kannst du zum Beispiel mit dem Wasser gießen, das vom Salatwaschen übrig bleibt.

Nicht vergessen!

Wasser ist in vielen Teilen der Welt ein knapper Rohstoff und es wird in Zukunft noch knapper werden. Wenn du es sparsam und sinnvoll verwendest, sparst du damit auch Energie.

IDEE NR. 17

Nicht zu lange und nicht zu oft duschen

Es ist wichtig, sich jeden Tag zu waschen – nicht nur, um gesund zu bleiben, sondern auch aus Rücksicht auf unsere Mitmenschen. Aber auch bei dieser alltäglichen Aktion kannst du etwas für die Umwelt tun.

Freddy, wo steckst du? Duschst du etwa immer noch?

Ja, ich finde es toll, so unter dem Wasserstrahl zu stehen!

Aber du bist schon mindestens 10 Minuten da drin!

Oh, kann auch schon länger sein. Ich schau nicht auf die Uhr.

Das solltest du aber, denn Wasser ist kostbar!

Aber Marie, wen juckt das schon? Meine Eltern bezahlen ja die Wasserrechnung!

LOS GEHT'S!

Auch wenn alle brav ihre Wasserrechnung bezahlen, ist darin noch nicht der Preis enthalten, den unsere Umwelt zahlt. Wenn wir weniger Wasser verbrauchen und es weniger verschmutzen – zum Beispiel, indem wir Seife statt Duschgel verwenden –, sparen wir nicht nur Geld, sondern auch Energie: nämlich die für die Reinigung und Aufbereitung des Wassers und des Abwassers; außerdem die für das Erhitzen des Warmwassers.

Für eine energiesparende Wäsche mach dich am ganzen Körper nass und dreh dann den Hahn zu. Dann kannst du dich einseifen, entweder am ganzen Körper oder nur an den wichtigsten Stellen. Dann nur noch den Schaum wegspülen, aber ohne zu viel Wasser zu vergeuden! Aus einem Brausekopf kommen durchschnittlich 15 bis 20 Liter pro Minute. Bei einem wassersparenden Duschkopf ist es nur die Hälfte – da hat sich die Anschaffung schnell gelohnt. Aber lass es trotzdem nicht zu lange laufen!

IDEE NR. 18

Weniger verbrauchen und das benutzen, was da ist

Jeder Gegenstand und jedes Produkt, das du besitzt, hat Energie gekostet: für die Produktion, für die Verpackung und für den Transport. Wer weniger kauft, spart also Energie!

LOS GEHT'S!

Schau mal in deine Schränke – stehen da nicht noch Sachen drin, die man mal benutzen oder aufbrauchen könnte, anstatt gleich wieder etwas Neues zu kaufen?

Spiele, Klamotten, Schulmaterialien und auch Hygieneartikel: Anstatt immer mehr anzuhäufen, schau mal nach, was du schon alles hast, und benutze das erst mal!

Wenn deine Klamotten kaputt sind oder dir nicht mehr gefallen, kannst du sie reparieren, modisch aufmotzen oder upcyceln. Lies mal die Anleitung von diesem Brettspiel, das du noch nie ausgepackt hast … du wirst staunen, was für tolle Spiele du hast! Shampoos, Zahnpasta, Cremes und Deos solltest du ganz aufbrauchen, ehe du etwas Neues anbrichst – und die alten Verpackungen richtig entsorgen!

Auf den Punkt gebracht

Immer nachdenken, bevor du etwas Neues kaufst – das spart nicht nur Geld, sondern ist auch eine der sinnvollsten Umweltschutz- und Energiespar-Ideen!

IDEE NR. 19

Obst und Gemüse regional und saisonal einkaufen

Obst und Gemüse, das in Deutschland angebaut wird und gerade Saison hat braucht viel weniger Energie bei der Herstellung und beim Transport als importierte Ware oder Sorten, die keine Saison haben.

Oh, schau mal, Marie, so schöne Ananas! Da kriegt man gleich Lust drauf, nicht wahr?

Ja, aber sie kommen von weither, genau wie die leckeren Mangos dort.

Na, dann nehmen wir halt Avocados, die liebe ich nämlich.

Okay, aber schau nach, wo sie herkommen. Wenn es Peru ist ... das ist zu weit, das geht gar nicht!

Mit dir einkaufen ist echt schwierig ...

Nein, ganz und gar nicht. Ich achte nur darauf, dass die Sachen wenn möglich aus Deutschland kommen und saisonal sind. Erdbeeren zu Weihnachten zum Beispiel, das ist ein No-Go!

LOS GEHT'S!

▶ Wenn du Obst und Gemüse kaufen willst, das wenig Energie frisst, dann entscheide dich immer für das, was gerade Saison hat und in Deutschland angebaut wurde – oder noch besser in deiner Region!

▶ Besorge dir einen Saisonkalender – da kannst du Monat für Monat ablesen, was gerade Erntezeit hat.

▶ Auf Wochenmärkten und in Bioläden werden oft regionale Produkte angeboten. Im Supermarkt solltest du genau darauf achten, wo die Ware herkommt.

▶ Bei Konserven ist es dasselbe in Grün. Bohnen aus Kenia oder Spargel aus der Türkei, das muss nicht sein! Lies genau, was auf dem Etikett steht. Und aufgepasst: Das Biosiegel sagt noch nichts darüber aus, wo ein Produkt herkommt. Ein Bioprodukt, das um die halbe Welt gereist ist, ist auch nicht besonders ökologisch!

IDEE NR. 20

Die Waschmaschine richtig befüllen

Energie sparen kannst du auch, indem du Haushaltsgeräte wie Waschmaschine oder Geschirrspüler genau richtig auslastest.

LOS GEHT'S!

▶ Sortiere die Wäsche nach Farben, damit sich die Kleider nicht verfärben. In der Familie könnt ihr bestimmte »Farbentage« vereinbaren, damit bei der nächsten Wäsche die Maschine auch richtig ausgenutzt wird.

▶ Um Energie zu sparen, sollte die Waschmaschine nie zu voll, aber auch nicht zu leer sein. Die Wäsche muss richtig mit dem Wasser und dem Waschmittel vermischt werden, und das geht nur, wenn die Trommel nicht zu vollgestopft ist.

▶ Für die Spülmaschine gilt das Gleiche: voll machen, aber nicht zu voll, damit das Geschirr blitzsauber wird. Und möglichst immer das Sparprogramm wählen!

▶ Immer bei möglichst niedriger Temperatur waschen: 30 °C reicht meistens schon. Und natürlich solltest du das »grüne« oder »Eco«-Programm wählen.

IDEE NR. 21

Den Abfall richtig trennen

Verpackungen gehören in den Gelben Sack oder in die Gelbe Tonne. Sie werden dann sortiert, recycelt und zu neuen Verpackungen verarbeitet Das hilft, Abfall zu reduzieren und die Umwelt zu schonen.

LOS GEHT'S!

Wer sagt, dass Abfalltrennen öde oder nervig ist, hat nicht verstanden, wie superwichtig es für die Umwelt ist.

Wenn alle Menschen den Abfall richtig trennen, können Millionen Tonnen an Rohstoffen wie Holz, Metall, Erdöl oder Sand eingespart werden, weil weniger neue Produkte daraus hergestellt werden müssen. Und es wird natürlich auch eine Menge Energie gespart. Die Umwelt dankt es uns.

Richtig organisiert, ist die Abfalltrennung wirklich ein Kinderspiel! Und warum nicht tatsächlich ein Spiel daraus machen: Wer ist der beste Mülltrenner oder die beste Mülltrennerin im Haus?

IDEE NR. 22

Die Kühlschranktür nicht zu lange offen lassen

Kühlschränke werden in sogenannte Energieeffizienzklassen eingeteilt, je nachdem, wie viel Strom sie verbrauchen, um unsere Lebensmittel frisch zu halten.

Ah, tut das gut, so vor dem offenen Kühlschrank zu stehen!

Aber was machst du denn da, Raphael?

Ich kühl mich ab! Probier's doch auch mal, Marie, das ist super!

Aber dafür ist ein Kühlschrank doch nicht da!

Na ja, wenn er die Lebensmittel kühlt, warum soll er mich nicht auch kühlen?

Die Lebensmittel ja, aber nicht dich! Du solltest einen kühlen Kopf bewahren, das stimmt … aber doch nicht so!

LOS GEHT'S!

Überlege dir immer, was du brauchst, bevor du den Kühlschrank aufmachst. Es hilft, wenn die Lebensmittel im Kühlschrank so eingeräumt sind, dass man alles leicht findet. Schau in der Beschreibung nach, wo es in eurem Kühlschrank am kältesten ist und wie du am besten Gemüse, Fleisch und Fisch und Milchprodukte auf die verschiedenen Fächer verteilst.

Wenn du etwas aus dem Kühlschrank genommen hast, mach die Tür sofort wieder zu. Je länger sie offen ist, desto mehr Energie verbraucht das Gerät, um sich wieder auf die richtige Temperatur herunterzukühlen.

Im Supermarkt ist es das Gleiche: Entscheide dich zuerst, welches Eis oder welche Pizza du kaufen willst, und mach erst dann den Deckel der Kühltruhe auf.

IDEE NR. 23

Schluss mit der Verschwendung von Lebensmitteln!

Viel zu viele Lebensmittel landen in der Mülltonne. Das ist nicht nur sehr schade, es ist auch eine Vergeudung der Energie, die für die Herstellung und den Transport der Nahrungsmittel eingesetzt wurde.

Das war lecker, Marie, aber ich krieg nichts mehr runter!

Aber du hast deinen Teller ja gar nicht leer gegessen!

Ist doch nicht schlimm, das kommt in die Biotonne.

Schade ist es trotzdem – denk doch mal an die Menschen, die nicht genug zu essen haben!

Aber ich kann doch nichts dafür, dass manche Menschen ärmer sind als andere!

Vielleicht nicht direkt – aber wenn wir bewusster konsumieren, reicht es am Ende ganz bestimmt für alle!

LOS GEHT'S!

Wir alle können unseren Beitrag dazu leisten, dass weniger Lebensmittel weggeworfen werden, die eigentlich noch gut gewesen wären!

- Beim Kochen immer auf die richtigen Mengen achten und schauen, was im Kühlschrank zuerst verbraucht werden muss. Für eine Person rechnet man zum Beispiel 100 g Nudeln.

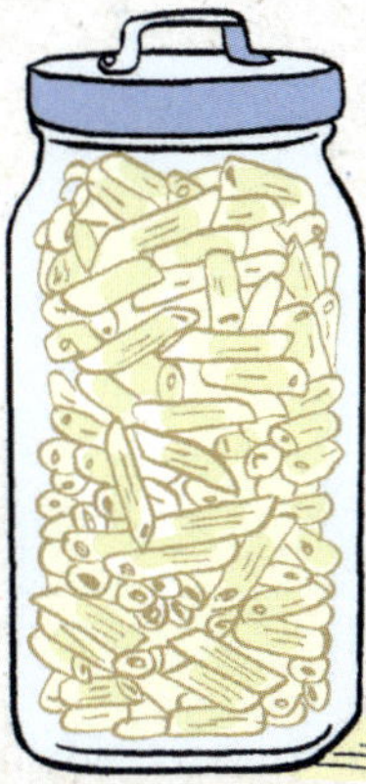

- Beim Servieren nicht zu viel auf die Teller tun. Wer nicht satt wird, kann sich immer noch einen Nachschlag nehmen!

- Wenn du etwas nicht magst, probier es trotzdem! An den einen oder anderen Geschmack muss man sich eben erst gewöhnen.

- Wenn deine Augen mal wieder größer als der Magen waren, heb den Rest auf und iss ihn bei der nächsten Mahlzeit.

- Und mit dem, was übrig bleibt, lassen sich mit etwas Fantasie neue Anti-Verschwendungs-Rezepte zaubern: gefüllte Tomaten, Nudelsalat, Kartoffelauflauf ...

IDEE NR. 24

Wiederverwenden statt wegwerfen

Die Herstellung von Gegenständen des täglichen Gebrauchs kostet viel Energie: von der Beschaffung der Rohstoffe über die Verarbeitung und Verpackung bis hin zum Transport von der Fabrik ins Lager oder in den Supermarkt.

Mensch, Klara, dein Mülleimer quillt ja total über!

Das sind alles gebrauchte Sachen, die ich weggeworfen habe.

Aber das sind ja Unmengen! Bist du sicher, dass du nichts davon wiederverwenden kannst?

Hm ... du willst doch nicht etwa, dass ich in meine alten Taschentücher schnäuze!

Doch, aber erst, nachdem du sie gewaschen hast! Schon mal was von Stofftaschentüchern gehört?

Ich glaub, ich spinne – willst du uns in die Steinzeit zurückbeamen?

LOS GEHT'S!

Wiederverwenden statt wegwerfen – das hat nichts mit einem Rückfall in die Steinzeit zu tun! Im Gegenteil: Wer so handelt, denkt an die Zukunft, denn die Ressourcen der Erde sind begrenzt und für die Herstellung neuer Produkte wird immer Energie gebraucht. Wenn wir alle mehr wiederverwendbare und nachhaltige Produkte verwenden und weniger wegwerfen, sparen wir Energie und tun etwas für die Umwelt!

Deshalb kannst du stolz sein, wenn du die alten gestreiften Stofftaschentücher deines Opas benutzt! Das ist dein Beitrag zum Umweltschutz! Und so ein Stofftaschentuch ist auch viel angenehmer für die Nase als ein Küchenpapier, das man sich mal eben schnappt!

IDEE NR. 25

Es müssen nicht immer Videospiele sein

Auch unsere Freizeitaktivitäten haben einen mehr oder weniger großen »energetischen Fußabdruck«. Und lustigerweise können uns die Spiele, die weniger Energie verbrauchen, am besten verbrauchte Energie zurückgeben!

LOS GEHT'S!

Auch bei vielen Spielen wird Energie verbraucht – dabei gibt es genug andere, die einfach nur mit Hirnschmalz funktionieren! Spielkonsolen und andere elektronische Spiele brauchen Strom in Form von Batterien oder Akkus, die wieder aufgeladen werden müssen. Deine Großeltern sind noch ganz ohne so etwas ausgekommen. Und so schlecht war das gar nicht …

Dann reiß dich doch mal vom Computer los und hol die Gesellschaftsspiele aus dem Schrank, die da seit Ewigkeiten rumstehen. Monopoly, Cluedo, Risiko, Scotland Yard, Die Siedler von Catan und viele andere – damit könnt ihr so manchen spannenden (und umweltfreundlichen) Nachmittag verbringen!

IDEE NR. 26

Lieber zum Buch als zum Tablet greifen

Bevor du das nächste Mal dein Tablet in die Hand nimmst, überlege doch mal, ob dir nicht eine andere Beschäftigung einfällt, die nicht so viel Energie verbraucht. Ein bisschen elektronische Ablenkung ist ja in Ordnung – aber allzu viel ist schlecht für dich und für die Umwelt!

LOS GEHT'S!

Sicher gibt es auch bei dir in der Nähe einen Ort, wo du dich mit Lesestoff eindecken kannst, wie zum Beispiel ...

- Eine **Bücherei**, wo du dich nur anmelden musst und dann jede Menge superinteressante Bücher ausleihen kannst – kostenlos!

- Einen **Leseclub** an deiner Schule oder in deinem Stadtviertel.

- Einen **öffentlichen Bücherschrank** auf einem Platz oder am Straßenrand, aus dem du dir einfach etwas mitnehmen kannst.

- Deine **Schulbibliothek**, wo du Sachen nachschlagen oder einfach neuen Lesestoff entdecken kannst.

- Oder schau doch einfach mal in die Bücher, die bei deinem Kumpel **Kevin** auf dem Klo rumliegen!

Stehst du mehr auf Abenteuergeschichten, auf Science-Fiction oder auf Comics? Du weißt es gar nicht? Dann finde es raus – und werde zur Leseratte!

IDEE NR. 27

Öfter an die frische Luft gehen

Bei einem Spaziergang mit offenen Augen die Welt entdecken, das ist viel interessanter, als die Welt nur durch den Fernsehbildschirm zu betrachten. Und das gilt für Kinder genauso wie für Erwachsene!

Hi, Lukas, hast du gesehen, wie schön es draußen ist? Lass uns eine Radtour machen, wie wär's?

Ich bin müde, Marie. Wollen wir uns nicht lieber einen Film anschauen?

Du bist müde, obwohl die Schule gerade erst wieder angefangen hat?

Ja, ich hab mir gestern Abend eine Sendung angeguckt und bin erst ganz spät ins Bett gegangen.

Na, du bist ja lustig! Und im Unterricht schläfst du dich dann aus, wie?

Na schön, du hast recht ... Gehen wir spazieren!

LOS GEHT'S!

Du bist jung und platzt vor Energie – warum also daheim vor der Glotze abhängen? Geh raus, beweg dich, lauf, schwing dich aufs Fahrrad oder aufs Skateboard oder schnall die Inliner an! Das macht nicht nur Spaß, es ist auch viel gesünder.

Auch wenn du gehbehindert bist oder im Rollstuhl sitzt, solltest du möglichst viel Zeit mit Freunden an der frischen Luft verbringen. Du wirst sehen: Es macht Spaß!

Rausgehen, spazieren gehen oder Rad fahren, Sport treiben ... Bewegung ist gut für deine Gesundheit und deine Entwicklung! Zu zweit oder zu mehreren macht es noch mehr Spaß – und neue Leute lernt man auch nicht kennen, wenn man nur zu Hause hockt!

IDEE NR. 28

Batterien richtig benutzen

Viele Geräte werden mit Batterien betrieben. Aber das heißt nicht, dass du ständig neue Batterien kaufen und die alten wegwerfen musst ...

Du, Marie, hast du zufällig Batterien für mein ferngesteuertes Auto?

Nein, tut mir leid, ich hab die letzten gestern für die Walkie-Talkies genommen!

Dann müssen wir wohl neue kaufen.

Oder wir nehmen sie aus den Spielsachen oder Geräten, die gerade nicht gebraucht werden.

Oh ja, gute Idee!

Denk dran: Je weniger wir verbrauchen, desto besser geht's der Erde!

LOS GEHT'S!

Schau dir alle elektrischen Geräte im Haus an und nimm die Batterien aus denen raus, die nur ab und zu mal benutzt werden. Wenn eine Batterie nämlich länger ungenutzt ist, kann es passieren, dass sie ausläuft und das Gerät beschädigt!

Ersetze die gebrauchten Batterien durch hochwertige wiederaufladbare, anstatt immer wieder (billige) Wegwerfbatterien zu kaufen. So sparst du mittelfristig Geld und umweltfreundlicher ist es natürlich auch.

Sammle die Batterien, die noch funktionieren, in einer Dose. Die gebrauchten – nicht wiederaufladbaren – musst du zur Entsorgung auf den Wertstoffhof oder zu den Sammelstellen im Elektrogeschäft oder im Supermarkt bringen. Niemals Batterien einfach in den Hausmüll werfen: Sie sind Sondermüll und verschmutzen nicht nur die Umwelt, sondern können auch einen Brand auslösen!

IDEE NR. 29

Einen Gemüsegarten anlegen

Wenn Obst und Gemüse um die halbe Welt zu uns geflogen wird, kostet das eine Menge Energie für den Transport. Und auch zum Heizen der Treibhäuser, in denen die Früchte früher reif werden, wird viel Energie gebraucht.

LOS GEHT'S!

▶ Wenn du einen kleinen Gemüsegarten anlegen willst, erkundige dich bei den Nachbarn, was in eurer Gegend gut wächst. Und überlege dir auch, was du selbst gerne isst!

▶ Such dir eine Ecke im Garten, wo du dein Beet anlegen kannst. Du kannst es mit Holzstangen abstecken oder auch einfach einen Holzbottich mit Erde füllen.

▶ Achte darauf, zur richtigen Zeit zu pflanzen oder zu säen, und vergiss das Gießen nicht! So kannst du mit etwas Geduld am Ende gesundes Bio-Gemüse ernten, das nicht um die halbe Welt geflogen und auch nicht gespritzt ist!

▶ Wenn du dir überlegt hast, was du in einem Garten ziehen willst, besorge dir Samen (Radieschen, Petersilie, Mohrrüben, Salat) oder junge Pflanzen (Tomaten, Zucchini, Auberginen, Kohl, Kürbis, Rhabarber) und säe sie bzw. pflanze sie ein. Du kannst auch Blumen pflanzen: Tagetes, Kapuzinerkresse, Ringelblumen ...

IDEE NR. 30

Mit dem Pedibus in die Schule gehen

In der Stadt werden mit dem Auto meist nur sehr kurze Wege zurückgelegt. Und bei diesen Kurzstreckenfahrten ist außerdem der Benzinverbrauch am höchsten!

Grüß dich, Alice! Bald fängt die Schule wieder an – freust du dich schon drauf?

Ja, weil ich dann alle meine Freundinnen wiedersehe!

Dann wird auch bald der Pedibus wieder »fahren«!

Ja, ich kann es kaum erwarten, mich wieder mit allen anderen auf den Schulweg zu machen.

Stimmt, das ist eine tolle Sache, so in der Gruppe unterwegs zu sein!

Und es tut auch gut, den Tag mit einem Spaziergang zu beginnen und Sauerstoff zu tanken!

LOS GEHT'S!

Du willst etwas für deine Gesundheit und gleichzeitig für die Umwelt tun, aber es gibt in deiner Stadt noch keinen Pedibus? Dann wende dich an den Bürgermeister oder eine Stadträtin und erkläre ihnen dein Projekt!

Um eine Pedibus-Linie einzurichten, müssen an strategischen Punkten auf dem Schulweg »Haltestellen« (Sammelpunkte) festgelegt und mit Schildern gekennzeichnet werden. Auch ein »Fahrplan« muss ausgearbeitet werden.

Es muss immer ein Erwachsener den Pedibus begleiten. Dazu sollten die Eltern einen Plan aufstellen. Erzähle allen Freunden von dem Projekt und lade sie ein mitzugehen!

Wenn es schon einen Pedibus gibt, der bei dir in der Nähe vorbeikommt, schließ dich einfach an!

IDEE NR. 31

Reisen in die Nähe machen

Wer in den Ferien in ferne Länder fliegt, hat einen ziemlich großen CO_2-Fußabdruck. So ein Flugticket kostet vielleicht nicht besonders viel – aber der Preis für die Umwelt ist hoch!

Wohin fährst du in Urlaub, Marie?

Dieses Jahr fahre ich zu mir!

Wie meinst du das denn?

Ich will mal in Ruhe die Sehenswürdigkeiten, die Museen und die Natur hier in der Gegend genießen.

Tolle Idee! Für so was bleibt ja sonst keine Zeit, neben der Schule und all den anderen Aktivitäten.

Ja, denn wie heißt es frei nach Goethe so schön: »Warum in die Ferne schweifen? Sieh, das Gute liegt so nah!«

LOS GEHT'S!

Wenn du etwas für die Umwelt tun willst, solltest du möglichst selten Fernreisen machen. Auch in deiner Nähe gibt es interessante Dinge zu sehen – nimm dir einfach mal die Zeit, sie zu entdecken!

Nimm den Zug, wann immer es möglich ist. Zugfahren macht Spaß, und so fängt der Urlaub schon mit der Fahrt an. Du kannst aus dem Fenster schauen und beobachten, wie sich die Landschaft verändert, oder ein spannendes Buch lesen.

Flugreisen solltest du, wenn möglich, ganz vermeiden – und wenn, dann nur für weite Strecken. Mit dem Flugzeug ist man zwar superschnell an fernen Zielen, richtet damit aber auch ganz viel Schaden fürs Klima an!

IDEE NR. 32

Den Eltern erklären, wie man umweltbewusst Auto fährt

Mit einer vernünftigen Fahrweise lässt sich viel Sprit sparen. Wie wäre es, mal ein bisschen vom Gas zu gehen?

Du hast aber einen ordentlichen Zahn drauf, Marie!

Ich hab's eilig! Schau mal auf die Uhr – wir kommen zu spät!

Aber du sparst vielleicht zwei Minuten und riskierst dafür einen Strafzettel wegen Geschwindigkeitsüberschreitung!

Meinst du?

Na klar, und gefährlich ist es auch!

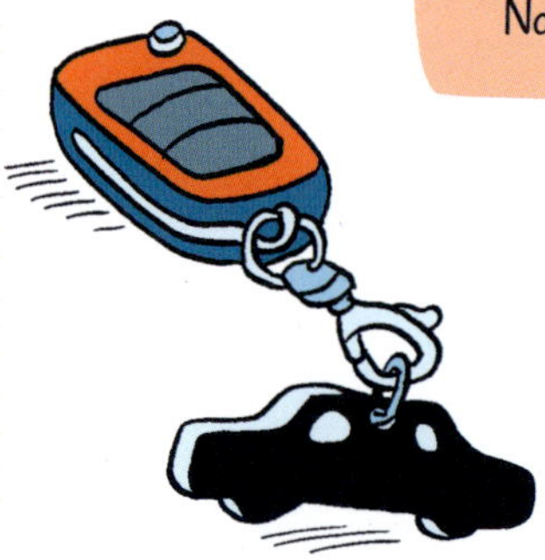

Du hast recht. Außerdem ist Rasen und abruptes Bremsen ganz schlecht für die Umwelt.

LOS GEHT'S!

Wer rechtzeitig aufbricht, muss sich auch nicht abhetzen. Und wer auf die Tube drückt, weil er sich verspätet hat, tut der Umwelt nichts Gutes!

Um ohne Stress pünktlich ans Ziel zu kommen – ob mit dem Auto oder einem anderen Verkehrsmittel –, solltest du so planen, dass immer noch ein paar Minuten »Luft« für unvorhergesehene Zwischenfälle bleiben. Pack deine Tasche am Abend zuvor, stell den Wecker fünf Minuten früher … Es gibt viele verschiedene Möglichkeiten, Stress zu vermeiden!

Wenn deine Eltern gerne zu schnell fahren, sag ihnen doch, dass du ganz gerne heil am Ziel ankommen würdest! Wer sich an das Tempolimit hält, nicht zu viel Gas gibt und nicht zu heftig auf die Bremse steigt, tut sich selbst, anderen Menschen und der Umwelt einen Gefallen!

Glossar

Batterie: Ein Speicher für elektrische Energie, mit dem Geräte betrieben werden können.

Biolebensmittel: Lebensmittel, die auf natürliche und umweltschonende Weise und ohne Einsatz von giftigen Chemikalien angebaut und hergestellt werden. (»Bio« kommt vom griechischen Wort für Leben.)

CO_2 siehe **Kohlendioxid**

CO_2-Bilanz (auch **CO_2-Fußabdruck**): Der Ausstoß von klimaschädlichem > Kohlendioxid, der von einem bestimmten Produkt bei seiner Herstellung und bei seiner Nutzung entsteht.

Dämmstoffe: Materialien, mit denen die Wände und Dächer von Häusern verkleidet werden, damit weniger Heizungswärme verloren geht, z. B. Holzfaserplatten.

Doppelverglasung, Dreifachverglasung (auch **Isolierverglasung**): Wärmedämmendes Fensterglas aus mehreren Scheiben mit luftdicht abgeschlossenen Hohlräumen dazwischen.

elektromagnetisches Feld: Energiesparlampen, Smartphones und Funkantennen senden Strahlen (oder Wellen) aus, die elektromagnetische Felder genannt werden. Sie können unsere Gesundheit belasten.

energetischer Fußabdruck: Die gesamte Energie, die für die Herstellung, die Verpackung und den Transport eines Produkts verbraucht wird. Kann auch für einzelne Menschen oder ganze Länder berechnet werden.

Energieeffizienzklasse: Eine Einteilung von Elektrogeräten nach ihrem Stromverbrauch, von A+++ (super, also gering) bis G (ganz mies, also hoch).

Energiekosten: Der Preis für die Energie, die in einem bestimmten Produkt steckt (für seine Herstellung, die Verpackung, den Transport usw.).

Erderwärmung siehe Klimawandel

erneuerbare Energien: Energiegewinnung aus > Ressourcen, die nicht zur Neige gehen können, wie Sonne, Wind oder Wasser. Die > fossilen Energieträger hingegen sind irgendwann aufgebraucht.

Flüchtige Organische Verbindungen oder **VOC:** Gesundheitsschädliche Stoffe, die zum Beispiel aus Möbeln, Teppichen oder Farben in die Luft entweichen können (vom englischen *volatile organic compounds*).

fossile Energieträger: Stoffe zur Energiegewinnung, die aus abgestorbenem (= fossilem) Pflanzenmaterial bestehen, das sind Erdöl, Erdgas und Kohle. Ihr Vorrat auf der Erde ist begrenzt.

Grundwasser: Wasser unter der Erdoberfläche, das sich vor allem durch das Versickern von Regen ansammelt. Sauberes Grundwasser ist sehr wichtig für unsere Versorgung mit Trinkwasser.

Klimawandel: Allgemein die Veränderung des Klimas der Erde. Gemeint ist meistens die gegenwärtige globale Erwärmung, verursacht durch den > Treibhauseffekt, der auf menschliche Aktivitäten zurückgeht.

Kohlendioxid (auch **CO_2**)**:** Ein farb- und geruchloses Gas und natürlicher Bestandteil der Erdatmosphäre, das das Leben auf der Erde erst ermöglicht durch den natürlichen > Treibhauseffekt. Da es aber freigesetzt wird, wenn > fossile Brennstoffe wie Kohle, Öl oder Gas verbrannt werden, ist ein Ungleichgewicht entstanden, das zum > Klimawandel geführt hat.

LED: (vom englischen *light-emitting diode*) Energiesparende Lichtquelle, die mit Dioden (elektronischen Bauelementen) funktioniert. LED-Lampen haben eine sehr lange Lebensdauer, ihr Licht kann aber schädlich für die Augen sein.

Pedibus (auch **Laufbus**)**:** Eine sichere und umweltfreundliche Art, in die Schule oder den Kindergarten und wieder nach Hause zu kommen. Dazu braucht man nur die Füße der Kinder und ein paar Erwachsene, die das Ganze organisieren und die Aufsicht führen.

Quecksilber: Ein giftiges Schwermetall, das bei Raumtemperatur flüssig ist. Es ist u. a. in Energiesparlampen enthalten.

Ressourcen: Alles, was wir aus der Natur entnehmen oder nutzen, wie Wasser, Holz (Bäume), Pflanzen und Tiere oder Erdöl.

Stand-by (auch **CO_2**)**:** Zustand eines Elektrogeräts, in dem es zwar nicht in Betrieb ist, aber schnell wieder eingeschaltet werden kann, meist durch ein kleines rotes Licht angezeigt. Im Stand-by-Betrieb wird ständig Strom verbraucht.

Thermostat: Gerät, mit dem sich die Temperatur von Heizkörpern regeln lässt.

Treibhauseffekt: Ein natürlicher Vorgang: Bestimmte Gase in der Erdatmosphäre wandeln die Sonnenstrahlen in Wärme um. Da wir aber zu viel > Kohlendioxid und andere Gase an die Atmosphäre abgeben, entsteht zu viel Wärme, siehe > Klimawandel.

VOC siehe **Flüchtige Organische Verbindungen**

WLAN: Lokales (also auf einen bestimmten Ort beschränktes) Funknetz für die Anbindung ans Internet. Es erzeugt ein > elektromagnetisches Feld, das gesundheitsschädlich sein kann.

Register

Die Originalausgabe ist bei Éditions Rustica erschienen.
Titel der Originalausgabe: *Défis économies d'énergie*

Illustrationen: Laurent Audouin
Leitung: Guillaume Pô
Chefredaktion: Frédérique Pegeon
Bildredaktion: Julie Mathieu
Layout und Illustrationen: Amélie Garcin
Herstellungsleitung: Thierry Dubus
Herstellung: Gwendoline da Rocha

Friedrichstraße 9, D-80801 München
Aus dem Englischen von Andreas Jäger
Textlektorat: Eva Wagner

ISBN 978-3-8458-4361-2
www.arsedition.de

10-31-1470 PEFC zertifiziert / Dieses Produkt stammt aus nachhaltig bewirtschafteten Wäldern und kontrollierten Quellen.